AF372702

STRATÉGIE

MILITAIRE

POUR L'INFANTERIE

ET LA CAVALERIE;

Par le Capitaine RAQUILLIER,
RÉFUGIÉ POLONAIS.

Tours,

IMPRIMERIE ET LITHOGRAPHIE DE O. LECESNE,

RUE ROYALE, 58.

—

1843.

A L'ARMÉE FRANÇAISE,

à la Garde Nationale.

C'est avec un profond sentiment de reconnaissance que je viens dédier aujourd'hui aux défenseurs du territoire français et aux soutiens de l'ordre et de la liberté, un Ouvrage sur la Stratégie Militaire.

Capitaine de cavalerie sous l'Empire, au service de France, expérimenté par huit campagnes, j'ai conçu sur l'Art militaire des idées nouvelles que je livre à la France, ma seconde patrie; heureux si je puis ainsi m'acquitter envers elle de la dette de reconnaissance que m'a fait contracter sa généreuse hospitalité, et si je puis ajouter un faible rayon à l'auréole de gloire dont elle est environnée.

Mes idées ont été en partie communiquées, en 1838, à feu S. A. R. Monseigneur le Duc d'Orléans, et le mémoire qui les contient fut envoyé par le prince au Comité militaire d'Infanterie et à celui de Cavalerie.

En accueillant cette brochure, la Garde Nationale et l'Armée me donneront une nouvelle preuve de la sympathie qui les unit encore à ma malheureuse patrie.

RAQUILLIER, Capitaine.

STRATÉGIE MILITAIRE.

Au règne de la force a succédé le régime de la raison, de la justice ; une nation n'a jamais pu recevoir de Dieu le privilége d'enchaîner une autre nation. Le moment n'est peut-être pas éloigné, où tous les peuples comprendront qu'ils doivent travailler simultanément au bonheur général, et que la charité et la fraternité ne doivent pas avoir de frontières.

Ces réflexions ne sont point étrangères à mon sujet, le nouveau système stratégique que je vais développer n'étant pas basé sur le besoin de faire la guerre, mais bien sur la nécessité de se défendre contre les attaques que pourraient diriger contre la France des ressentiments mal éteints, des exigences injustes.

PREMIÈRE PARTIE.

INFANTERIE.

En 1857, au camp de Compiègne, Monseigneur le duc d'Orléans nomma un comité qu'il chargea de faire un rapport sur la théorie militaire du général autrichien *Raieski*, basée sur la formation des bataillons de guerre sur deux rangs seulement. Je ne connais pas les conclusions de ce rapport ; mais si la théorie du général autrichien n'a pas triomphé, c'est sans doute qu'on a pensé que la formation de trois rangs offrait aux charges de la cavalerie un front plus compact, une résistance beaucoup plus forte, et que cet avantage de résistance a paru plus important que n'étaient à regretter l'inactivité du troisième rang et le sacrifice d'hommes que cette masse serrée occasionne toujours.

L'adoption de mon système procurera tous les avantages de la théorie du général *Raieski*, sans en avoir les inconvénients.

Manœuvre facile à exécuter, et qui procure plus de résistance contre une attaque de cavalerie qu'un carré ordinaire.

Un bataillon sur deux rangs se forme en colonne par division double sur le centre, à distance entière. Au commandement : formez-vous contre la cavalerie, on exécute la manœuvre par une demi-conversion de pied-ferme ; les tirailleurs et les serre-files se joignent au centre. Par les feux croisés, vous faites essuyer à l'ennemi des pertes considérables, et la charge ne peut procurer un résultat avantageux. (*Voyez planche I, figure 3.*)

CHEVAL DE FRISE EN FER PORTATIF, *de l'invention de l'auteur.*

Deux lames en fer, concordant parfaitement ensemble, moins lourdes que le sabre-poignard, et mises dans un fourreau en cuir, portées au côté comme une épée, ayant la longueur d'un mètre, suffisent pour que trois hommes, seraient-ils d'une autre compagnie ou bataillon, construisent avec leurs six lames un cheval de frise pesant quatre kilogrammes et couvrant trois hommes de front ou trois files d'infanterie, et leur forment une barricade composée d'une étoile ayant six rayons, tournant en tous sens, et présentant à la cavalerie un obstacle infranchissable. (*Voyez planche I, figure 2*).

EMPLOI DU CHEVAL DE FRISE.

Il me serait impossible d'indiquer tous les usages qu'on peut faire du cheval de frise. Je me contenterai de signaler quelques applications.

L'infanterie, lorsque le terrain le permet, peut se déployer en ligne de bataille, sur deux rangs, et en présence de la cavalerie ennemie, sans avoir à en redouter les attaques, et sans être obligée, pour faire résistance, de se former en bataillon carré. Au premier mouvement que la cavalerie ennemie fera pour attaquer, le premier rang du bataillon forme les barricades.

Pour former les barricades, on compte, par la droite, par trois dans les deux rangs, c'est-à-dire par demi-sections. Au commandement : formez vos barricades, chaque demi-section du premier rang forme la sienne. Dans trois secondes, le bataillon est barricadé, les deux compagnies d'élite forment leurs carrés sur ses flancs, et si l'ennemi veut tourner le bataillon, le second rang fait demi-tour et se barricade. (*Voyez planche II , figure* 2.)

J'ai conçu pour la formation des bataillons de guerre, sur deux rangs seulement, une manœuvre qui produit le résultat suivant : supposons un bataillon déployé sur trois rangs, et exposé par le feu de l'ennemi à une perte de 90 hommes. En exécutant ma manœuvre, je n'aurai que 20 hommes hors de combat, et j'arriverai à ce résultat par la formation des distances. Sur une ligne de 72 mètres de longueur, on obtient 55 mètres d'intervalle, et on ne présente que 17 mètres au feu de l'ennemi.

Formation des Distances.

On compte, par la droite du bataillon, dans les deux rangs, par n°s 1 et 2. Au commandement — *Formez les distances*, le deuxième rang fait deux pas en arrière ; au deuxième commandement — *Marche,* les hommes ayant le n° 2 dans les deux rangs, font un pas en arrière, se portent par un pas oblique derrière le guide de droite ; au troisième commandement — *Par le flanc droit, à droite,* le commandement exécuté, les hommes du premier rang mettent un genou à terre. Par cette manœuvre, d'une ligne compacte, vous ne présentez à l'ennemi qu'une ligne de tirailleurs. Pour se former en bataille, on ne fait que trois mouvements : un demi à gauche, le n° 2, un pas oblique à gauche et un pas en avant, et par ces mouvements aussi simples que faciles, le but se trouve atteint.

Par la suppression du troisième rang, vous réduisez de 30 sur 90 la perte d'hommes que vous présumez devoir éprouver, et par les intervalles de deux hommes dans vos deux rangs (40), elle n'est plus alors que de 20 hommes sur 90, qu'un bataillon sur trois rangs aurait à supporter, ainsi que je le dis plus haut.

En formant les distances, on a encore l'avantage d'éviter les feux pris en écharpe, car faisant oblique à droite ou oblique à gauche, vous présentez à l'ennemi les intervalles.

Lorsqu'on aura à envoyer un bataillon occuper une hauteur ou toute autre position, il marchera déployé et barricadé pour ne pas être surpris à l'improviste par la cavalerie ennemie qui pourrait être masquée derrière le plateau.

Pendant la marche, les n°ˢ 1 et 3 de chaque demi-section portent les barricades, les n°ˢ 2 forment les tirailleurs, et couvrent en marche le bataillon. (*Voyez planche III.*)

Avantages d'un bataillon déployé contre un corps d'infanterie d'attaque, formé en colonne serrée.

Un bataillon déployé occupant une position, l'ennemi ne peut l'aborder qu'en marchant en colonne d'attaque serrée. Pour parcourir l'espace de trois cents pas au pas de charge, il faut quatre minutes ; un fantassin peut aisément tirer trois coups à la minute. La colonne d'attaque recevrait donc, avant qu'elle pût aborder le bataillon déployé, douze mille coups de fusil, qui la prenant en écharpe, la détruiraient en grande partie.

Un pont, une digue, un défilé défendus par plusieur

rangs de barricades seront désormais infranchissables. Pendant la nuit, les lignes des bataillons en avant, formant deux rangs de barricades, protégeront l'armée contre toute surprise. Avec de telles précautions, on n'aura plus à redouter les pertes si cruelles qu'ont tant de fois enregistrées les annales militaires.

Lors d'une bataille, il arrive qu'un bourg, un village deviennent le point d'appui des corps d'armée, et qu'il faut l'occuper à tout prix. La position une fois emportée, si on barricade les avenues, on ne peut plus être délogé. Alors ne se représenteront plus ces combats acharnés, où la victoire passait plusieurs fois d'un drapeau à un autre.

Une batterie d'artillerie en position, ayant de l'infanterie pour la soutenir, deux compagnies suffisent pour la barricader sur trois rangs et la mettront à couvert contre toute attaque de cavalerie ennemie.

Un détachement de 100 hommes en plaine, isolé, surpris en marche par un détachement de cavalerie ennemie, peut effectuer sa retraite et repousser toutes ses attaques en se formant de la manière suivante :

100 hommes composent 32 barricades portées par 64 hommes formés en carré et en marche ; 20 autres sont en réserve au centre de la colonne, et 16 sont disposés en tirailleurs. (*Voyez planche II, figure 1re.*)

Le système de barricades peut servir comme fortification mobile et pour remplacer les chevaux de frise dans la défense des places fortes.

OBSERVATIONS.

En présence de l'ennemi, l'infanterie devrait éviter de marcher ou de rester l'arme au bras, cette position de l'arme présentant à l'artillerie ennemie un tiers de point de mire de plus. Les boulets et la mitraille brisent les fusils, dont les débris blessent les hommes.

Il conviendrait mieux de porter le fusil comme dans le mouvement de descendre les armes. A chaque commandement — *Halte*, le soldat repose sous ses armes, et au commandement — *En avant, marche*, il n'a qu'à lever son fusil comme au mouvement de descendre les armes ; en outre, on évite, à chaque repos, les mouvements *reposez armes* et *portez armes*. On ne fatigue pas le bras gauche du soldat, qui conserve alors toute sa force pour soutenir son arme pendant la fusillade, et peut mieux ajuster ses coups.

On ne saurait trop prendre de précautions pour protéger les armes contre la pluie et l'humidité, afin que le soldat ait la certitude que son fusil fera toujours feu lorsqu'il voudra s'en servir.

A cet effet, on adaptera au fusil un fourreau en cuir qui couvrira la crosse et la batterie en temps de pluie. En marche comme au bivouac, les fusils seront portés la crosse en haut, cette précaution étant indispensable pour empêcher l'humidité de pénétrer dans la batterie.

Lorsqu'un bataillon est détaché du corps d'armée pour aller en reconnaissance ou pour remplir toute autre mission hors des lignes, l'officier commandant doit faire l'expédition à pied à la tête de son bataillon. Dans une position critique, il pourra profiter des terrains difficiles, et conduire ses hommes à travers les ravins, les lieux marécageux, les bois, etc., afin de faciliter la retraite. Bien souvent des détachements se sont trouvés compromis et sacrifiés dans de pareilles expéditions, parce que l'officier supérieur étant à cheval, on ne pouvait traverser certains terrains dont le passage aurait assuré une retraite au bataillon.

Lors d'une fusillade, le soldat ne doit jamais tirer droit devant soi. Les feux, autant que possible, doivent toujours être dirigés obliquement, c'est-à-dire en écharpe, afin que les balles ne se perdent pas dans les intervalles. Cette recommandation doit être particulièrement faite aux tirailleurs.

DEUXIÈME PARTIE.

CAVALERIE.

Je n'ai pas la prétention de changer les manœuvres actuelles de la cavalerie française, manœuvres habiles, qui s'éxcutent bien, et qui ont fait l'objet des études sérieuses des hommes de guerre. Je me bornerai à lui indiquer quelques moyens dont elle pourra se servir avec beaucoup d'avantages au passage d'un pont ou défilé en présence de la cavalerie ennemie.

Pour franchir un pont ou un défilé, un régiment ou une brigade marche par le centre, en avant, par quatre ou par peloton, selon que le passage le comporte. Qu'arrive-t-il? L'ennemi laisse franchir le défilé, permet à deux ou trois escadrons de se former en bataille ; les chargeant ensuite avec des forces supérieures, il les contraint de le repasser en désordre et avec perte.

Le même effet se produit lors du passage du défilé en arrière. L'ennemi laisse rompre quelques pelotons par la droite et par la gauche ; ensuite il charge sur les escadrons du centre, devenus alors trop faibles pour lui résister, et les met en déroute complète.

Je crois être parvenu à trouver le moyen de faciliter à la cavalerie le passage des défilés et de faire perdre à l'ennemi l'avantage qu'il pourrait retirer de sa position supérieure.

A une brigade de cavalerie composée de huit escadrons de guerre, comptant 150 hommes par escadron, il faut joindre deux escadrons de dragons munis de pieux ou fractions de barricades mis dans un fourreau et attachés du côté gauche de la fonte du pistolet. Ces deux escadrons serviront de réserve de grosse cavalerie à la brigade, et de plus ils faciliteront le passage des défilés en manœuvrant de la manière suivante :

Sur 500 dragons, 200 mettent pied à terre, c'est-à-dire nos 1 et 3; dans les deux rangs, les nos 2 tiendront les chevaux ; les dragons à pied formeront deux colonnes en carré, de 100 hommes chacune ; 64 porteront les 52 barricades qu'ils auront formées, c'est-à-dire 8 de chaque côté du carré, et passeront le défilé comme on voit *(planche II, figure 1)*; 20 hommes marcheront au centre des carrés comme réserve, et 16 hommes précéderont les colonnes comme tirailleurs.

Après avoir passé le défilé, ils marcheront oblique à droite et à gauche, jusqu'à ce qu'il y ait entre les colonnes assez d'espace pour pouvoir y former deux escadrons en bataille. Les deux escadrons du centre de la brigade, en passant le défilé, se formeront en bataille dans l'intervalle des deux colonnes de dragons ; les deux escadrons du centre et les deux colonnes de dragons se porteront en avant pour faire place à la brigade, qui s'échelonnera à mesure que les escadrons passeront le défilé. *(Voyez planche IV.)*

La même manœuvre aura lieu pour passer un défilé en arrière. La brigade, soutenue par le feu des 200 dragons à pied et barricadés, n'a à redouter aucune tentative de l'ennemi.

En outre, les deux escadrons de dragons barricaderont pendant la nuit les avenues ou débouchés en avant des bivouacs, en fermant les passages des villages, des défilés, des ponts ou digues, et protégeront la brigade contre toute surprise.

Surprise et attaque dirigées contre l'ennemi pendant la nuit.

Une attaque avant la pointe du jour ne peut produire

aucun résultat décisif, parce que les grandes gardes sont doublées par les détachements qui viennent les relever, la cavalerie bride ses chevaux, tous les bagages sont renvoyés en arrière de l'armée, aucun homme n'est isolé, tout est disposé à repousser une attaque.

Une attaque ou surprise peut réussir en s'y prenant de la manière que je vais indiquer, manière bien propre à répandre la panique et le désordre chez l'ennemi.

Il faut faire harceler par la cavalerie légère, pendant plusieurs nuits, et à des heures indéterminées, les avant-postes de l'ennemi, afin qu'il puisse supposer que ces attaques n'ont d'autre but que de produire de fausses alarmes pour le tenir continuellement sur le qui-vive.

On n'exécutera l'attaque ou surprise que sur un terrain qu'on aura occupé, et qu'on abandonnera à l'ennemi afin de lui laisser prendre position.

Le Général commandant, avant d'abandonner la position, fera ses dispositions d'attaque; il lui sera facile de prévoir l'emplacement que l'ennemi choisira, avec quelles armes il occupera le terrain; il agira d'après les circonstances; il basera la direction des colonnes d'attaque, et choisira les débouchés les plus surs et les plus faciles pour attaquer l'ennemi.

On commandera des officiers qui serviront de guides aux colonnes d'attaque; on leur indiquera les directions qu'ils devront faire prendre à leurs colonnes; ils reconnaîtront les terrains ainsi que les obstacles avec la plus grande attention.

Des feux seront allumés plutôt que de coutume sur les lignes des bivouacs, pour faire croire à l'ennemi qu'on ne veut ni se retirer, ni rien entreprendre.

A la tombée de la nuit, on fait approcher les colonnes d'attaque aux avant-postes, et on observe le plus grand silence, jusqu'à ce qu'elles soient arrivées au lieu de leur destination.

Le moment le plus favorable pour attaquer l'ennemi est deux heures après qu'il a établi ses bivouacs, ce que font apprécier les feux allumés sur les lignes. A cette heure, une grande partie des soldats a abandonné ses postes, les uns pour aller aux vivres, les autres au fourrage ; d'autres encore vont chercher du bois ; les chevaux sont débridés et conduits à l'abreuvoir ; enfin, les voitures, les fourgons chargés de vivres et de fourrages arrivant au bivouac ne contribueront pas peu à augmenter le désordre, en encombrant dans leur fuite les routes et les défilés.

A un signal convenu, donné sur un point désigné, les colonnes d'attaque se porteront en avant. Chaque commandant de colonne désignera un détachement qui tracera la ligne de direction de la colonne hors de la ligne des avant-postes, en plaçant, de cinquante en cinquante pas de distance, un cavalier pour indiquer aux colonnes de réserve, qui seront destinées à soutenir les colonnes d'attaque, la route qu'elles devront prendre pour ne pas s'égarer. En cas de retraite, ces guides accéléreront la marche des colonnes et empêcheront tout désordre.

Les commandants des colonnes d'attaque abordant les lignes de l'ennemi, détacheront un escadron de chaque colonne qui servira de coureur, établiront des communications entre les colonnes d'attaque de gauche et de droite, et s'empareront des hommes isolés qui se trouveront dans les intervalles de ces colonnes d'attaque.

Si les dispositions sont bien calculées, et les ordres bien exécutés, une pareille attaque ne peut manquer d'amener des résultats avantageux.

OBSERVATIONS.

Un escadron envoyé à la découverte de l'ennemi, marchant militairement, c'est-à-dire précédé d'une avant-garde et flanqué d'éclaireurs, après avoir passé un défilé,

se trouve en face d'un détachement de cavalerie supérieur
en nombre ; que fera-t-il ? Cherchera-t-il à passer le défilé ? Une telle détermination serait peu sage et fort aven-
tureuse. L'ennemi se formera en bataille et attendra de
pied ferme que l'escadron le charge. Le commandant or-
donnera au premier rang de prendre le pistolet dans la
main gauche, ce qui n'empêchera pas de diriger le cheval;
il laissera approcher l'ennemi à 300 pas de distance ; il
commandera : « demi-tour à droite, par quatre, au trot,
marche, en avant, guide à gauche. Votre position critique
en apparence, la crainte que vous ne parveniez à franchir
le défilé encouragent l'ennemi, qui vous court sus. Alors,
saisissant le moment où il rompt ses rangs, ce qui arrive
toujours dans cette circonstance, on commande : « par
quatre, demi-tour à gauche, marche, en avant, guide à
droite. » L'ennemi, qui croyait vous voir fuir, est surpris
de votre contenance ; mais ayant rompu les rangs, sa position est compromise. Pistolet en main gauche, sabre
en main droite, on le charge vigoureusement; après l'a-
voir mis en déroute, vous le faites poursuivre par les
premier et quatrième pelotons au galop, et les deux pelotons du centre les suivent au trot pour les soutenir au
besoin.

*Attaque d'un régiment de cavalerie contre un bataillon
carré formé sur trois rangs.*

Le régiment exécutera la charge par demi-escadron en
colonne, distance d'un peloton, sur l'angle du carré ;
deux demi-escadrons chargeront sur les lignes parallèles
de l'angle, et attireront à eux tout le feu. La colonne,
forte de six demi-escadrons, chargera à fond l'angle du
carré, et le rompra facilement, ne trouvant qu'une faible
résistance.

Si j'ai pu, dans cette brochure, éveiller l'intérêt, et

émettre quelques idées nouvelles, profitables à la France,
cette terre hospitalière, mon but sera atteint, et je me
trouverai assez récompensé de mes recherches et de mes
fatigues.

FIN.

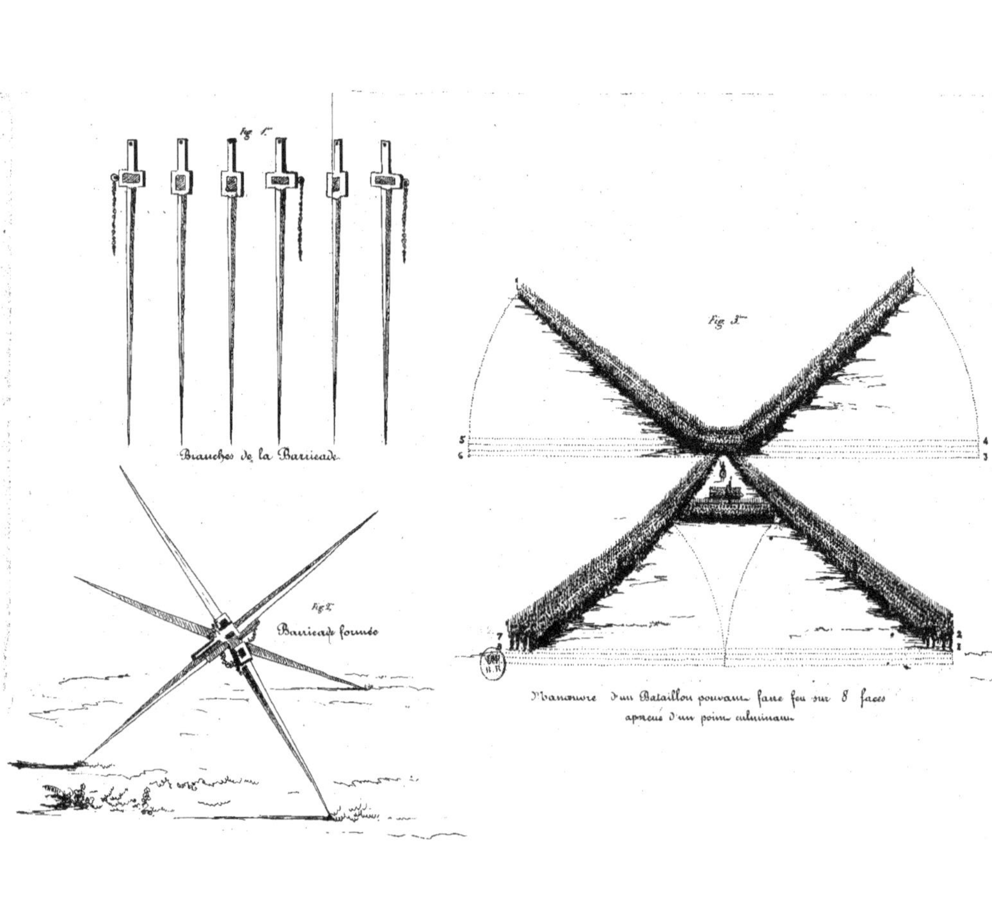

Fig. 1.re
Branches de la Barricade.
Fig. 2.e
Barricade formée
Fig. 3.e
Manœuvre d'un Bataillon pouvant faire feu sur 8 faces
apperçu d'un point culminant.
PL.

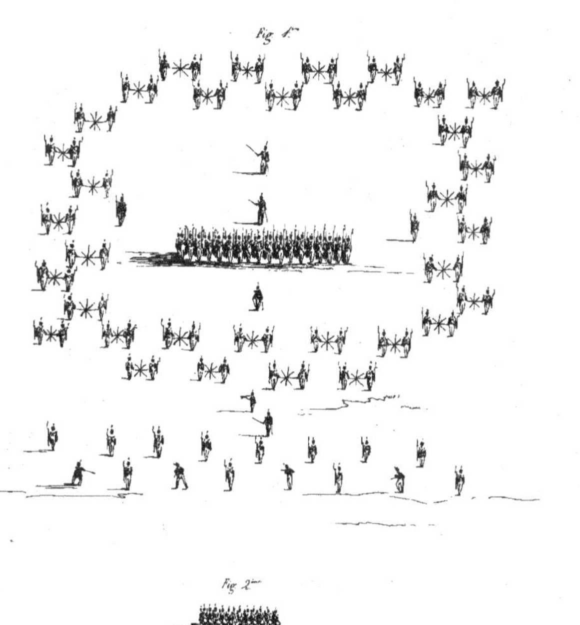
Fig. 1.re

Fig. 2.me
Bataillon déployé en barricade.

Bataillon en marche barricades.

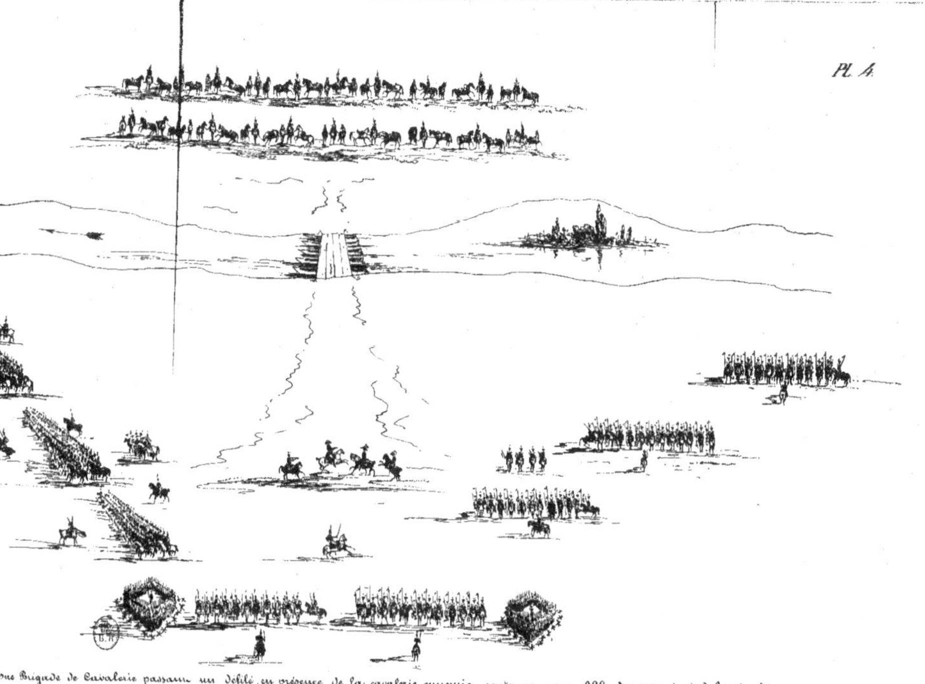

Une Brigade de Cavalerie passant un défilé, en présence de la cavalerie ennemie, soutenue par 200 dragons à pied barricadés.